"ich habe nie gewusst dass mein herz
tanzen kann "

S. 110

für Mama

Joseph Kopf: Gesammelte Gedichte in zwei Bänden
Band II: **das geöffnete schneeblatt** (1967–1979)
Mit einem kritischen Anhang hrsg. von P. Good

Joseph Kopf

das geöffnete schneeblatt

Gesammelte Gedichte in zwei Bänden
Band II: 1967–1979

Mit einem kritischen Anhang herausgegeben von
Paul Good

Rimbaud

JOSEPH KOPF 5 GEDICHTE KURT WOLF 5 SCHNITTE
[Mappe]

1967

baudelaire: fleurs du mal

die toten verse · denn der arme dichter hat
sein karges sonnenschiff mit ihnen ausgerüstet ·
und teilt wie einst mit ihnen brot und lagerstatt ·
sind fluch der nachwelt · die sich damit brüstet ·

sie · die wie feuerflocken ihn gepeitscht und eis ·
und nur der wahnsinn blieb ihm · seine scham zu decken ·
sind nun gelächter über jene höllenschrecken ·
von denen nur das tiefste mitleid weiss ·

und nur der engel · den wir alle uns erhoffen ·
wenn unsre stirn · da ganz der lärm des blutes schweigt ·
ein bläuliches geschwür · dem kalten sternwind offen ·
wie eine flamme auf und nieder steigt ·

dirne

die brüste ausgebrannt · wie schwarzer meiler kohlen ·
sucht sie an strassenecken · für das leben blind ·
ein reines bild · aus nie gewesner zeit · zu holen ·
und trocknet tränen · die nicht mehr zu weinen sind ·

und wühlt im sternenabfall ihrer moderträume ·
verdorbne frucht · die geilheit eines manns · papier ·
die blauen blitze schlagen in die toten bäume ·
doch nichts ist für sie · und kein splitter ist von ihr ·

wie eine urne welkt sie in ertränkten hainen ·
des lorbeers bleiches silber mache andre froh ·
doch eis und feuer bricht · aus kalten opfersteinen ·
die einst ein gott · des opfers überdrüssig · floh ·

krieg

dämmrung
in den hochgereckten hälsen der hähne ·
morgengrauen
in den trompetenbäumen des tods ·
über dem schläfer
zog er seine kreise: der geier ·
am ohr des träumers
hat sich die steinerne lippe bewegt ·

ein bleiernes rollt herauf: die sonne ·
die schlingen im gelben dschungel sind gelegt ·
nackt am feuer
weidete nachts der mann das tier aus ·
im blut des ebers
spiegelte sich die einsamkeit des manns ·

eines bettlers sternenaussatz ·
das blaue licht seiner füsse ·
der maulbeerbaum seiner stirn ·
weisse tiere rings um beer-sheva ·

kommt abend · kommt untergang · schwarz
in sieben nächten der wehschrei ·
sonne und eber: das stampft
sterbend den traumwäldern zu ·

das rauscht in den sternen · das singt·
das pfeilt blau durch die herzen der vögel ·
das hat seine antwort von weither:
lidlos · das goldne · das aug ·

JOSEPH KOPF LIEST GEDICHTE ZU EINER MAPPE VON WOLF
[Sprechplatte]

·

1969

wer bin ich deinem ohr
was deiner wasser brust
ein liebender ein tor
o herrin kalter lust

sag mir der träne wert
ich weine sterbe nicht
seit alles dich begehrt
o herrin weisses licht

bin ich nicht stein genug
dass du ihn doch erkürst
ein irres bricht ein krug
den du zum munde führst

ein wüster abendgarten es war zum erbrechen
wie sich die blauen blitze jagten ohne scham
die toten fische quollen über in den bächen
als ich dich kalt in meine ziegenklauen nahm

die wolken gelb und schmutzig du schon halb von sinnen
und geiler noch den schmierigen bockfuss eingeklemmt
als gäbe es aus all dem mitleid ein entrinnen
und eine schmach die jäh den sturz der tränen hemmt

dein wahn die wüste blauen sternbaums durst ein schauer
die sonne hart und grau bild eines geiers steht
gekrallt in stein und träne deiner todestrauer
in flüche schweigen schatten ins gebet

den sand gescharrt das bleiche nichts mit wunde klaue
von den dämonen weit doch weiter nicht gehetzt
die nacht ein messer wahrheit eine eisige braue
mit den schakalen zahn an zahn gewetzt

der ihren einer räudig ohne lust zu wohnen
wie träume krank und fahl wie brennende füsse schnell
die schlange kreuzend scheu in wasserlosen zonen
der tod ein fieber unterm gelben fell

plötzlich hatten sie vor etwas angst im tal
sie nahmen ihre wasserschläuche
sie hingen sich die felle um die sie besassen
sie trieben die weissen ziegen auf den berg

entzündeten kein feuer

die schakale schwiegen: das war nie vorgekommen
ein geier suchte bei ihnen zuflucht
aber sie hatten die augen geschlossen
keiner warf einen stein nach ihm

am morgen
stiegen sie auf der anderen seite des berges hinunter

der roten sonne satansräder nie vergass
ich auf die balken einen fluch zu schreiben
da ich gequält mein herz voranzutreiben
mich jener engel dunkelheit vermass

die wie die wüstensterne alles hassen
was nicht der schönheit ihrer trauer gleicht
und sich entseelt zur hölle stürzen lassen
ein weh vor dem der dichter noch erbleicht

und seiner brust entringt sich nachts ein stöhnen
wenn ihm der nur das wort kennt nicht die tat
gesandt noch tiefer seinen schmerz zu höhnen
voll kalter lust die fieberwölfin naht

einst haben wir geleuchtet
schwarze steine unterm schnee

mit dem blauen kiesel
eingesetzt in unsre lippen

mit dem
goldnen herzblatt eines vogels

einst wussten wir nicht
woher die todesträne kommt

aber wer wird spielen
schwarze harfe des frühlings

gekrönt werden
von den eisbogen deiner braun

wenn leise einstürzen
die goldenen ränder der welt

unser stern eine schattenblume wird
im fluchtgestirn liebe

wie ein mit erde verkrusteter kopf aus dem moor
wie der kopf des ferkels das unter dem gewehrkolben aufquietschte
wie der kopf der kleinen mumie mit den abgebröckelten lippen
wie ein kopf mit bart und haar der weint auf einer schüssel

wie die massengräber und die baugrube in die ich betrunken fiel
wie der schwangere leib der näherin mit den zerstochenen fingern
wie die angst der ratte die unter eine sandkiste geflohen war
wie der nebel im hurenviertel der die choräle fortsetzte

wie ich faule früchte auf dem markt suchte und ass
wie ich nackt sein wollte um den regen kennenzulernen
wie ich von der wüste zu träumen begann
wie ich krank und irrsinnig und ein dichter wurde im winter

mir ist vor jenen nächten der erinnrung bange
die wüste wälzt sich an ein schwefelgelbes meer
aus kalten blitzen zuckt der fischleib einer schlange
ihr pfeifen singt mein herz von traum und früchten leer

entgeistert ist der kindheit lied der mutter sprache
aus weissen sonnenschädeln nichts mehr aufgerafft
dämonen schweifen durch die dunkelheit nach rache
in mir das nichts in ihnen unzerstört die kraft

und dann die augen in erbarmungslosen kissen
von heissen fieberschauern eisig angeweht
den todesstern in blau gefrorenem schnee zu wissen
bevor die nacht ein roter blutsturz untergeht

da ich an dir zu sterben denn vergass
und dass ich nicht dem leeren himmel fröne
gib mir im sommerlichen glutkuss schöne
nun der zu eis gewordenen gärten mass

den schlaf den traum des fiebers kalte flügel
die liebe ohne mondhof hell und scharf
wie eine peitsche überm kahlen hügel
tod der nach dir die langen messer warf

die alte jagd nur sind die wälder stiller
das blaue tier zum letzten lauf gehetzt
und immer klagender die flöten schriller
bis endlich blut die schwarze erde netzt

älter geworden
am blühen der erde
komm ich zu dir

an einem tag im herbst
hoch wandern die gestirne · traumlos
in einer nacht
steinern brennt mir die flöte am mund

ich habe die sprache vergessen
die worte verloren
die rede verlernt

älter geworden
am blühen der erde
liebe ich dich

über uns das goldne
nil und euphrat

unter uns das schwarze
träne kedarzelt

ich schlief zu deinen füssen ein
ich weinte

ein dunkles grünes hungertuch die welt

krieg

dämmrung
in den hochgereckten hälsen der hähne
morgengrauen
in den trompetenbäumen des tods
über dem schläfer
zog er seine kreise: der geier
am ohr des träumers
hat sich die steinerne lippe bewegt

ein bleiernes rollt herauf: die sonne
die schlingen im gelben dschungel sind gelegt
nackt am feuer
weidete nachts der mann das tier aus
im blut des ebers
spiegelte sich die einsamkeit des manns

traum und wein

traum und wein
sind dein brot
ampelschein
liess dich ein
war so rot
traum und wein

kommst von dort
kommst von nicht
wüstenjahr
wasserwort
alt gesicht
sagte wahr

wer so sehr
ohne zelt
ohne kleid
dem tut er
herr der welt
nichts zu leid

kaaba kabbalah

die häuser mit den kerzen
die katen mit den meineiden
die mägde die deine todesangst wuschen
die blauen suren im schnee

die häuser mit den kerzen die pfauen
die katen mit den meineiden die wolfskehlen
die mägde die deine todesangst wuschen
die blauen suren im schnee

die häuser	die katen
die kerzen	die meineide
die pfauen	die wolfskehlen
die gebete	die urteile

die magd deren todesangst du waschen sollst
wenn du den stein geschleppt hast nach der

kaaba

die blauen suren im schnee

kommt abend kommt untergang schwarz
in sieben nächten der wehschrei
sonne und eber das stampft
sterbend den traumwäldern zu

das rauscht in den sternen das singt
das pfeilt blau durch die herzen der vögel
das hat seine antwort von weit her
lidlos das goldne das aug

eines bettlers sternenaussatz
das blaue licht seiner füsse
der maulbeerbaum seiner stirn
weisse tiere rings um beersheva

eiswasser spritzt aus deinen brüsten
eine kleine frostblume ist dein mund
ich werde für dich einen blauen gemspfad schlagen
ruhig verliert er sich in nebel und gestein

wie deine silberhufe hämmert mein herz
lass mich nicht warten
komm ich hörte
den rauhen liebesruf von berg zu berg

baudelaire. fleurs du mal

die toten verse denn der arme dichter hat
sein karges sonnenschiff mit ihnen ausgerüstet
und teilt wie einst mit ihnen brot und lagerstatt
sind fluch der nachwelt die sich damit brüstet

sie die wie feuerflocken ihn gepeitscht und eis
und nur der wahnsinn blieb ihm seine scham zu decken
sind nun gelächter über jene höllenschrecken
von denen nur das tiefste mitleid weiss

und nur der engel den wir alle uns erhoffen
wenn unsre stirn da jäh der lärm des blutes schweigt
ein bläuliches geschwür dem kalten sternwind offen
wie eine flamme auf und nieder steigt

nachruf für gestrandete fische

1971

älter geworden
am blühen der erde
komm ich zu dir

an einem tag im herbst
hoch wandern die gestirne. traumlos
in einer nacht
steinern brennt mir die flöte am mund

ich habe die sprache vergessen
die worte verloren
die rede verlernt

älter geworden
am blühen der erde
liebe ich dich

kalte kandelaber
in denen der fluss friert
blaue hungrige steine

maulwurfartige sonnen

alles
halbwegs
unterwegs

wie ein mit erde verkrusteter kopf aus dem moor
wie der kopf des ferkels das unter dem gewehrkolben aufquietschte
wie der kopf der kleinen mumie mit den abgebröckelten lippen
wie ein kopf mit bart und haar der weint auf einer schüssel

wie die massengräber und die baugrube in die ich betrunken fiel
wie der schwangere leib der näherin mit den zerstochenen fingern
wie die angst der ratte die unter eine sandkiste geflohen war
wie der nebel im hurenviertel der die choräle fortsetzte

wie ich faule früchte auf dem markt suchte und ass
wie ich nackt sein wollte um den regen kennenzulernen
wie ich von der wüste zu träumen begann
wie ich krank und irrsinnig und ein dichter wurde im winter

gekleidet in den braunen purpur des bettlers
zwischen den zehen blauer sand

welcher stimme nachtschwarzer vogel flattert?
welchen lammes weisse sternmilch erblüht?
welchen gebetes grüne zypresse flammt?

gekleidet in den braunen purpur des bettlers
welcher liebe rote herzblume stirbt?

wie eisig mir deine gräser auf der zunge schmecken
frühling
ein tier bin ich. erschrocken
ein wasserbüffel. sehr allein

ich bin leichter geworden
kein vogel reitet mehr auf meinem rücken
und das grosse brüllen: ich bin fast blind

das meer wollte ich trinken
das grün ist wie die augen der bergziege
nun zwingt mich ein anderer traum
langsam in die knie

ein stück land
von einem verzweifelten vogel abgebrochen

plötzlich weisst du
warum du die pflugschar nicht wetzt

todhell
ein ertrunkener eber
kälte etruskischer traumzeichen
blumen aus blechdraht

eisnabel
tor zur hölle

finster umgangene menschensiedlungen

violette schlangennester
kartenhaus der sprache

ein gewissen haben: die ungewissheit
ein stück blaues niemandsland

gebet

lass mich nicht sterben
o gott
den schrecklichen
tod des menschen
lass mich erlöschen
wie eine blume
in deiner einfalt

lass mich nicht erlöschen
o gott
wie eine blume
in deiner einfalt
lass mich sterben
den schrecklichen
tod des menschen

paranoia
plasma irrsinniger vögelzüge

wenn
die schnäbel es ernst meinen

erkälten sich die blauen türme zu tod

golden ist mein hirn
ein weinberg
den durstige vögel zerpflücken
ein sandbad
für den weissen rücken des einhorns
ein pflaumengarten
für die sanften küsse liebender

ihre sonnenschnäbel
ihre verschatteten augen
ihr glück das silbern die nüstern bläht
ein delphin ist mein hirn
der blaues
traumwasser in seinen kiefern mahlt

kurt wolf. selbstbildnis

buddha
der toten tafelrunde

skelette
sterngrätiger fische

haardünne striche des allein
seins

öffnung eines pharaonengrabes

eisige
papyrusrolle

versteinert
die maske des wächters

unheilvoll
die grabeskälte der entweichenden luft

kain tötete seine schwester abeilah
nachts flüsterten sie zusammen

ward auch jener traurig
erhängte sich im schlangenschnee

krieg

dämmrung
in den hochgereckten hälsen der hähne
morgengrauen
in den trompetenbäumen des tods
über dem schläfer
zog er seine kreise: der geier
am ohr des träumers
hat sich die steinerne lippe bewegt

ein bleiernes rollt herauf: die sonne
die schlingen im gelben dschungel sind gelegt
nackt am feuer
weidete nachts der mann das tier aus
im blut des ebers
spiegelte sich die einsamkeit des manns

du denkst immer noch
an das sterben eines ebers
in eisbergen eingeschlossen
die tiefgekühlten augen der geier

sonnenschatten
nachruf für gestrandete fische
kerzen russischer winter tauchbad

ikonenzerstörung: deine blaue hand

plötzlich hatten sie vor etwas angst im tal
sie nahmen ihre wasserbeutel
sie hingen sich die felle um die sie besassen
sie trieben die weissen ziegen auf den berg

entzündeten kein feuer

die schakale schwiegen: das war nie vorgekommen
ein geier suchte bei ihnen zuflucht
aber sie hatten die augen geschlossen
keiner warf einen stein nach ihm

am morgen
stiegen sie auf der andern seite des berges hinunter

bespringe
die sichel des monds
zerkratze
die scham der wüstenlöwin

oder

die eisgedichte der kirchenväter
sheila

nie mehr jenes im hellen schlangenwind

kaaba kabbalah

die häuser mit den kerzen
die katen mit den meineiden
die mägde die deine todesangst wuschen
die blauen suren im schnee

die häuser mit den kerzen die pfauen
die katen mit den meineiden die wolfskehlen
die mägde die deine todesangst wuschen
die blauen suren im schnee

die häuser	die katen
die kerzen	die meineide
die pfauen	die wolfskehlen
die gebete	die urteile

die magd deren todesangst du waschen sollst
wenn du den stein geschleppt hast nach der

kaaba

die blauen suren im schnee

haifische durchleuchten deine achselhöhle
eine blinde kleine ratte wird wach

mit gewehren
auf dem schnee der wüstendächer lauern

unter der zunge noch aufgerauhter
der violette irrsinn des traums

am ende
fällt die grosse steppe
in die kleinen herzen der vögel
der glanz der sterne
in die leeren hände des bettlers
die musik der welt
in das nie verzückte ohr des tauben
das samenkorn der liebe
in den beschämten schoss der unfruchtbaren

am ende
spricht gott sein schönstes
wort für jene
die noch immer vor dem dornbusch
ihre schuhe lösen
ihre tränen verbergen
ihre bitte stammeln

o herr o herr

IM ZEICHEN DES BLAUEN HUNDES
[Mappe mit 10 Gedichten]

1975

der blaue hund
schwamm durch eisiges wasser

seine schnauze war verwundet
er trieb sie voll irrsinn über den schnee

das wort:

zurückzählen
vom siebten zum ersten tag

du blaues antlitz voller trauer sprich
da ich von wolken allzu tief verhangen
in meiner not nicht kann zu dir gelangen
doch mit dem eis der sonne lieb ich dich

schlafwandler
im wuhrland

gehörnt
unter der blauen kuppel

flechter
eisigen schilfes

wasserzuträger
für die erschrockene herzmitte des tods

mirjam
eisblume
spätlingin auf den feldern

nach nacht dürstende
dir allein leihe
ich mein tiergesicht

mit den sternkratzern
gegen das dunkel des himmels

was mit dem tod ist:
die bäume
stehen wie elchzeichen auf

die gebetsmühlen
die eisratschen
die bewässerung hoher gärten

die delirien
der nachtschnee
die rauchblauen krater des worts

wie hiess der anfangsbuchstabe des glücks
wie wird die endzeile des unglücks lauten

der gletscherweg wird immer steiler
bis er überhängt

krieg. fragment

von gewehren gesuchte
durchhuschen die dörfer

wenn sie zu atmen wagen . . .

tränenspuren
des lachvogels

eisig
setzen sich die schakale ab

irrflöte
steingeruch des frühlings

schnürte uns keiner
die blaue vogelkehle zu

dem kalten sternwind offen

1977

blaues
blaue erde die hört
blaue sonnenwälder

und
die sanduhr des tags
und die nackten
füsse der bettler

dies deine wüste schwarz zu werden geier mit geschwüren
nicht gehn nicht fliegen von den himmeln fallen kalt
wie die schakale wenn der tod sie aufgesucht hat spüren
dass eis und schnee sich bald in deine eingeweide krallt

nichts mehr zu sein doch immer mehr zu wissen mit den jahren
auch dies dass man die kieselklaren wasser nie erreicht
doch lange schon kennst du den stein wo sich die schlangen paaren
und dein geschlecht ist mehr noch als der helle mond erbleicht

du suchst kein haus kein zelt du kannst nur auf der flucht noch wohnen
dein heulen in der nacht ist einsamkeit und nichts das wirbt
denn es gibt keine lust für die sich schmerz und brunstschrei lohnen
doch sagt man dass wer deine gelben augen anblickt stirbt

die nackten geier königstiere die mit ihren kranken
gesichtern den auguren die sie fürchten heilig sind
wenn sie vom totenmahl gemästet durch den abend schwanken
und wie aus greisenköpfen dringt ein seufzer in den wind

erregen sich oft so in ihrer trunkenheit der tollen
dass niemand die mit blei gefüllten leiber wieder kennt
wie sternenräder fangen ihre flügel an zu rollen
die antilope springt durch einen roten kreis und brennt

und nur die herdentiere rücken näher noch zusammen
wenn irr die dunkle geierwolke in die lüfte steigt
und klirrend anhebt sonnenschiff um sonnenschiff zu rammen
eisiger als ein eisberg gottes blauer atem schweigt

ostwind in deiner ecke
angstrufe des tierfells

kaltnadel
eisbrüste

einbrechen auf der kreidebrücke eines traums

für kurt wolf. st. gallen

von wahrheit blühende
eisig träume ich in deinem schoss

deine lippen erhellen meine wunden
wasserklar singt der verschüttete brunnen in mir

anders geliebte
nachts wachen wir vom silbernen schreien der vögel auf

für margit niedermaier. st. gallen

deine blumenhände sprachen zu mir
durch eisiges sternwasser tauchte ich zu deinem mund

wie tauhell ist die nacht
wie furchtlos erblühen im schnee die kirschblüten

lange durchwanderte ich finstere dörfer
war feindlich den brutstätten der menschen

lernte das gejagt sein
meine augenschlitze waren mein schwert

ratten meine brüder
wie räudig ist unser fell

wie gewissenhaft
hören uns die schlangen zu

wie furchtlos erblühen im schnee die kirschblüten

wie rauh behelmt sind wir
von der grauen steinflöte der nacht

unser kindlein
spielt auf einer braunen sternwiese

gott haucht ihm das
wasser

seines blauen atems ein

stille war damals
nichts verfinsterte die herzen der vögel
ihre augen waren traumsprache
schüchtern wohnte bei ihnen ein stern

stern wasser
blauer ziegengeruch in der wüste
und die eisig wandernde
blume deines gesichts

in der mitte der nacht
erfriert ein blauer vogel

eis bricht grasgeflüster
versammelt sich um einen stein

eines propheten eingefallene sternaugen
die kalten adlerschläge des worts

auf der wasserscheide der nacht
zwischen den hohen wüstenspitzen deiner brüste

atme ich wie schnee ruhig
ein oder aus

fährtenwechsel

wie hell
kriechen die schlangen tod zu
wasser
nun wohnst du
zwischen träne und stern

immer schlief ich
unter zerbrochenen spiegeln
wüstenblume
war aufgerauht
von deinem dunklen gesicht

eisherbst
in braunen feldern
der kargheit nachgehn
mit den schilfspitzen reden

sprachlos
einfach
irgendein
wort

zu den sieben blauen traubstengeln
kam der rötliche dazu
eine neue zeitrechnung

die sternspinnen
schlafen in den höhlen ein
die eiswasser
gurgeln rückwärts

es stampfen
die schwarzen büffel an
auf deren rücken der weisse vogel sitzt

den hörnerklang im ohr
immer eisiger wandernd mit den tieren
immer erschrockener

wann
ertrinkst du
in den geöffneten

wasser
weizen
feldern

des tods

eine gelbe blume ist in unsrem zimmer
auch gewittert gelb das unglück

es hilft nichts
gebete zu sagen

aus dem erstickten blauen buch

in dieser einöde
sind unsere augen wasser

unsere zähne
graben keilschriften

unsere zungen
belecken schakale

gelb wie die sonne

eisige sternwirbel sträuben unser haar

als ich dachte
woran dachte ich

nur

an das land nur
mit den blauen perlschnüren

an die stadt kjellgaard
wo man branntwein mit schnee trinkt

dass ich
bei den hellen wurzeln dieser nacht erfrieren möchte

als ich zu denken aufhörte
welchen traumtieren begegnete ich

nur

für erika fritsche. st. gallen

kälte noch einmal
blaue kälte des klatschmohns

fieberkälte wenn du einschläfst
eisige kälte wenn du erwachst zum tod

kill
deine nachtmahr
häng die blaue zunge heraus
spann dich selbst vor den schneeschlitten

der rost auf den kufen
stört bei dieser reise nicht

verwundetes der sprache
eisiger durst des vogels
verletzte nabelsterne

und

die helle strasse des tods

ummuahia
grüne kannibalengesichter

schneewarzen
eisdiagramme

letzte wasserspiele
oder

ein blauer regenpfeifer im rohr

noch unverletzt
aber

auch schon vom atem bedroht

die wasser sind voll blumenkälte
schau
in fiebernacht durchwandelst du den tau

und was die sonne kargte nahm es
zu
im schlaf der irrsinn und die todesruh

da nie ein licht das licht des andren
fand
im nebel schwimmen wir an eisiges land

der sommer ist verglüht
wie schnee in deiner hand
ein blauer nebel sprüht
eiswimpern übers land

du denkst der kargen orte
es ist ein altes spiel
der tränen und der worte
und was dir sonst gefiel

der stern das todgefunkel
und dass wir uns verirrn
schakale fressen dunkel
sich in dein traumgehirn

furchtlos
vor zorn schweigend
hämmerte ich meine thesen an
im blauen sternwind des throns

dann
tränenübergossen
ging ich
in die herdkalten dörfer zurück

das zunehmende licht der blumen
zugeflüstert von schlangen die sprache

das eisige
die bewegung hinter den spiegeln

sprich der angst
sprich dem stern
sprich der wasserratte nach

herbstgewitter
und zorniger blätterfall

die sonnen
sind verstümmelt

die worte
stehen im zeichen der blauen ratte

es wird eine eisige nacht werden
in der du wieder stimmen hörst

dein rattenhaar im wasser
kalt gewordene asyle

schildkröten
sonnen

in deinem eisigen rücken
verletzter vögel schrei

nun ist die fron des schlafes abgetan
und violette bilder quälen wieder leise

dich fiebert nach der letzten schlittenreise
und eisig hauchen dich die hunde an

im todesdunkel stehst du vor gericht
hell weint die wüste und das schlangenlicht

unser boot trieb im eismeer
durch den nebel hupten die sterne

einsame schiffe gleich unsrem
und wir hissten die flaggen zum gruss

hier halten wir an
sage ich dem kutscher

hier errichte ich ein zelt
und baue eine feuerstelle

aber weithin
weder wagen noch kutscher noch pferd

für dr. fred kurer. st. gallen

Gedichte 1978/ 79

1979

wie ein baum in der wüste
musst du werden

oben
die sterne

unten
die wasserkälte des lichts

todestiefe
und schattenblaues licht

über herbststengel
fegt eisiger wind

deine nachbarschaft
erkaltete dörfer

wo
hoffnung hernehmen

einfach innehalten
hier

nachts
werden die sterne
zu wasser und blauem licht

das wort naht
ein scheues tier
und vertraut dir am ende

du spielst
mit weissen kitzlein
du bist wie sie glücklich

es ist ja auch
eine himmelswiese
ein unschuldiger ort

schlafgrenze
blaue worte zwischen dir und mir

über den sternfluss
über steinfliesen hinweg

wo wohnst du
dort drüben in der hütte

was tust du
ich schöpfe wasser mit dem krug

wieviel zicklein hast du
soviel zicklein wie sterne

gott möge dich schützen
er behüte dich auch

eisgraues tier
schattenblume der zärtlichkeit

herbst
baldiger schneefall

das unerklimmbare
sterngefährt

das schwarze sternloch
das schon nicht mehr gesagte

das von dir befahrene
eismeer ohne zeit

nur noch eine wünschelrute
die erinnerung an die sprache

der es einst gelang
der es nicht mehr gelingt

lichtwurzel
tränenüberströmt

im letzten kargen
wachsein

nichts mehr von blattgrün
der scharlatanerie des spiegels

schnee und mond
sandmond

also bist du
doch in die wüste heimgekehrt

wie blau und hell
und nachtig und frucht bist du

ich habe nie gewusst dass mein herz
tanzen kann

wie auf einem hochzeitsmahl

schattenblume
und wechsellicht

immer das blaue
das in der achselhöhle gekenterte

immer das schriftblau
das tiergehörn

verschollen alles
ausser der innigkeit zu dir

unter dem dach
zerraufter sternziegel

aschenbrödel
deren los nie aufgeht

ob auch
die tauben gurren

aschenputtel
aschenrose

dir o lichtin will ich alles tun
will in schuld und eis und schatten ruhn

und wo nie mehr mich ein stern entdeckt
die du all mein lieben aufgeschreckt

in den blauen eismantel gehüllt
die augen wandern lassend zwischen den sternen

die tiere behütend
lebt auf dem berg der graue hirt

traurig
die schräg blickenden augen der tiere
bettelnd
als könnten wir

da wenden wir uns dann ab
gehn die strasse bitternis weiter
selber verloren
immer weiter weg vom paradies

der schlaf unter den sternaugen
das buch mit den sieben siegeln

das geöffnete schneeblatt
die blaue eisruhe vor dem tod

wüstenschlitten
dein bleibendes gefährt

immer
von anderen tieren gezogen

und die nacht von
anderen sternen erhellt

erlucht erleuchtet
sagt celan

meint er den grossen bären
ha or bichlal

es ist alles das gleiche licht

nordlicht
sonst sieben monate dunkel

was sollen ruderstösse
du wirst doch von den eisbergen gerammt

und die lachmöven
ohne den ölzweig im schnabel

es wird nacht bleiben
und der tod peilt dich an

das hohe lied
und wo blieb das tiefe

das wort das sich hinabgräbt
batsheva schaut zu vom dach

denn das wort ist wie ein maulwurf
es stösst aus und gräbt weiter

durstig nach den blauen quellen
die es oben nicht mehr gibt

letal
der sternfluss lethe

längst nicht mehr von kerberos bewacht
nur noch eine kerbe im traum

keilschrift
immer weiter von uns fliehend

pythia
ihr scheint unnütz jedes wort

sprich es nicht
aus

es könnte
dein letztes wort sein

schweig über die pyramiden
die blauen geheimnisse der nacht

immer noch
ist jedes wort ein stern

und das aleph beth
ein blaues sternbild

jede pflanze
wasser

jedes tier
ein milder begleiter durch die einsamkeit

und die nacht
in der noch immer der goldene ruf hallt

die stimme gottes

zu der auch
sein grosses schweigen gehört

gott sei dank mögen dich die tiere

und die wasser
und die hängenden gärten der semiramis

paul celan tot
nun ist er endlich zuhaus

auch georg trakl
ich begegnete ihm in anif

tot auch josef weinheber
mehr noch: vergessen

knut hamsun: geschmäht
obwohl er hunger schrieb

gott sei dank mögen dich die tiere

auch dein herzdorf winterlich verschneit
grauer flocken zartes blütenregnen
sollte dir ein scheues tier begegnen
halte ihm ein traumgeschenk bereit

manchmal bin ich arm
dass sich gott erbarm

gib mir blumen quellen
meine stirn zu hellen

wenn ich nicht verliere
traum und stern und tiere

an der blauen erde
nicht zum flüchtling werde

wurde mir gegeben
was es braucht zum leben

in deiner grauen zartheit ganz gefangen
du nacht und stern und blaues himmelstier
such ich vergeblich zu dir zu gelangen
kein traum heisst heute und kein wort heisst hier

und auch der weg zurück längst ohne brücken
nur eine fieberebene wie aus glas
die asche glutet hinter deinem rücken
und vor dir brennt auch langsam schon das gras

gazelle
die ich im regen verlor

grau und zärtlich

nein ich rufe dich nicht
in mein karges zelt zurück

graue zärtlichkeit
schneeball der nacht

wir sehen einander an
wir bewässern die blumen unter der erde

sonst tun wir nichts
was sollten wir anderes tun

unser totentanz
zwischen scylla und charybdis

wir
zu zyklopen geworden

nur das einhorn
sehen wir nicht

licht
des schlehdorns

grausames
licht des todes

licht
im wort gefangen

wort
bewahrerin des lichts

der regen fällt in mein regenfass
ich stehe dabei und werde nicht nass
zu mir will der regen nicht kommen

dafür kommt ein andres: ein blaues gedicht
das wascht mir die tränen aus dem gesicht
als hätte ich gnade vernommen

abend
ein kühler regen
der auf die gräber fällt

bald
kommt nebel

deine ertrunkene sprache
dein helles wortwissen

licht
während du langsam

untergehst im moor

angesichts des todes

sonst
sind deine stuben leer

nur ein licht ist noch
hinter den fensterkreuzen

das gewaltige
schatten in den garten wirft

ein licht
keine lichtworte darnach

nur pilgerfahrten
zu blauen eisziegeln

zelten
längst von wüstenwinden umgelegt

134

seit ich dich kenne
hast du mir immer etwas geschenkt

wollte ich dir
etwas geben

nur

wort und wasserstern
gehören mir nicht

sternhell
kummerklar

wihennahten
nahtschate

nahtgala

das nie enträtselte
blaue wort

wie dunkel
eine stunde sein kann

wie hell
die brücke von stern zu stern

die namen der uns begleitenden tiere
fallen zurück ins alphabet

sternbewässerung
von mund zu mund

die tränen der olivenbäume
die grauen eisquellen der nacht

ein waidwundes tier bin ich
unter blauen sternen

immer hinterlasse ich
die schweisspur der angst im schnee

ihr folgen die bellenden hunde
die silbernen jäger

die goldenen falken
o wie kriecht mir der tod ins herz

wann stossen die falken zu
wann weiss ich es endlich

wie das verenden ist
unterm kalten mond

ANHANG

[1.] *Versuch einer Autobiografie*

Wenn man Biografisches über sich selbst berichten soll, merkt man erst, wie wenig man sich eigentlich um den äusserlichen Lebenslauf gekümmert hat. Weit leichter fiele es mir zum Beispiel, über Mallarmé, Rimbaud, Baudelaire oder Trakl zu berichten, und wenn von mir gar Jahreszahlen verlangt wurden (etwa anlässlich einer Preisverleihung oder, öfter, bei den nie abreissenden Bewerbungen um irgendeine Arbeit), tat sich vor mir stets ein Abgrund auf. Zwar standen das Geburtsjahr fest, die sechs Primarschul- und fünf Gymnasialjahre ebenfalls – sogar ein anschliessendes einjähriges Bankvolontariat (unter welcher Bezeichnung man mir nachsichtigerweise ein Zeugnis für die vorzeitig abgebrochene Lehre ausgestellt hatte) bewegte sich noch im Rahmen der biografisch gesicherten Existenz. All dies hatte sich ja auch in St. Gallen abgespielt, unter den Augen meiner an Ordnung gewohnten Eltern, aber dann folgten schon bald die Risse, Sprünge, Erinnerungslükken, die es bei den erwähnten Gelegenheiten möglichst zu verbergen galt. Zuerst halfen noch die Eintragungen in den Pässen (ich besitze als Doppelbürger zwei, einen österreichischen und einen schweizerischen), später die Jahreszahlen in Gedichtbändchen und Anthologien, aber welche von diesen Dokumenten retteten sich schon über die Zeit hinweg. Pässe habe ich vier oder fünf verloren, die Büchlein sind alle vergriffen, oder ich habe sie verschenkt, oder sie sind bei einem der zahlreichen Um- und Auszüge einfach liegengeblieben. So gibt es kaum einen hoffnungsloseren Autobiografen als mich.

Geboren wurde ich also 1929 in St. Gallen, wohin Vaters Mutter nach dem Zusammenbruch des grossväterlichen Stickereibetriebes im vorarlbergischen Götzis und dem wohl darauf zurückzuführenden frühen Tod ihres Mannes mit den vier unmündigen Kindern mehr geflohen als übersiedelt war. Dies geschah um die Jahrhundertwende, in der Zeit der grossen Stickereikrise, wie man mir erzählte, und ganz verzieh ich meiner Grossmutter jenen heimlichen (und tatsächlich nachts mit einem ausgeliehenen Pferdefahrzeug erfolgten) Exodus aus Vorarlberg nie. Ich unterschob ihr als Motiv Stolz, was vielleicht doch nicht so ausschliesslich zutraf, sie hatte es in meinen Augen einfach nicht ertragen, arm in dem Land zu leben, in dem man einst zu den Reichsten und Angesehensten gehörte – ich machte sie für den Verlust einer Heimat verantwortlich, als die ich Vorarlberg in meiner Traumwelt immer mehr empfand. Jedenfalls musste ich als Kind mit ebensoviel Verlegenheit wie Mitleid zusehen, wie mein 1912 oder 1913 in der Schweiz eingebürgerter Vater (gegen den in Österreich noch ein Haftbefehl wegen Nichteinrückens zum Ersten Weltkrieg bestand) von den Höhen des St. Galler Rheintals auf seinen Geburtsort Götzis hinabblickte und weinte. Wahrscheinlich übernahm ich dieses Heimatgefühl also von ihm.

Dagegen liebte ich meine andere Grossmutter, sie stammte aus Stuttgart und hatte bei einer herrschaftlichen Familie in St. Gallen ‹gedient›, wie man damals sagte – eine wunderbar gütige, bescheidene und stille Frau. Als sie krank geworden war, durfte abwechslungsweise jeden Tag eines von uns drei Geschwistern bei ihr im Zimmer essen, und uns allen wäre es als eine der grössten denkbaren Strafen erschienen, hätte man uns dieses Vorrecht entzogen. Nach ihrem Tod stahl ich mich nachts an ihr Bett, neben dem noch die Versehkerzen brannten, berührte ihr Gesicht und ihre Hände und kam mir in St. Gallen doppelt verloren vor.

Bleibt noch der Vater meiner Mutter. Er stammte aus Luzern, war auch ein armes Kind gewesen, hatte in seiner Jugend als Bursche für alles auf einem Vierwaldstättersee-Dampfschiff eine gewiss nicht leichte Zeit verlebt. Später arbeitete er sich in St. Gallen vom Lehrling zum Prokuristen einer Versicherungsfirma empor. Er war leidenschaftlicher Gärtner, las täglich mehrere Zeitungen und beschäftigte sich sonst nur mit Büchern historischen Inhalts, deren er eine grosse Anzahl besass. Mit welchen Problemen er sich befasste und wofür er eine Lösung suchte, weiss ich nicht.

Soweit die mir bekanntgewordenen Bruchstücke aus der Familienchronik. Nachzutragen wäre lediglich, dass mir mein Vater einmal erzählte, ein Vetter von ihm, der nach Amerika ausgewandert war, habe dort Stammbaumforschung betrieben und sei dabei auf jüdischen Ursprung gestossen. Dieser Gedanke, gegen den ich mich schon wegen meines gefährdeten Heimatbildes zuerst heftig wehrte, liess mich bis heute nie ganz los.

Nach dem missglückten Gymnasium und der ebenfalls missglückten Banklehre erzwang ich von meinen Eltern, dass sie mich nach Vorarlberg gehen liessen. Man brachte mich dort bei einem Jugendfreund meines Vaters, einem Landwirt in Götzis, unter, ich liebte die Arbeit und fühlte mich in dem damals noch kleinen Dorf daheim. Ein Jahr lang blieb ich dort, wurde vor allem von den alten Leuten, die meinen Grossvater noch gekannt hatten (er muss ein ebenso überspannter wie grossherziger Mann gewesen sein, der den Heimstikkern nie die üblichen Abzüge für fehlerhafte Arbeiten machte), eher wie ein Zurückgekehrter als wie ein Fremder behandelt – dann trieb es mich, wie so viele junge Vorarlberger, nach der Hauptstadt Wien. Ich lebte dort ebenfalls ein Jahr, versuchte die versäumte Matura nachzuholen, was aber nicht gelang, und auch sonst fasste ich nicht Fuss. Immerhin konnte ich im Terra-Verlag meinen ersten Gedichtband veröffentlichen, er hiess ‹Nocturne› und enthielt Verse, die ich zum Teil schon mit fünfzehn Jahren schrieb. Sie zählen nicht zu dem, dessen Bewahrung mir am Herzen liegt. Übrigens war mir meine jüngere Schwester Trude nach Wien gefolgt und nahm dort an der Musikakademie Klavierunterricht. Sie blieb auch, als ich nach Vorarlberg zurückkehrte – ich hatte mich in eine Lehrerin aus Feldkirch verliebt, wollte sie heiraten und nahm deshalb eine Stelle in der Bregenzer Filiale der Creditanstalt-Bankverein an. Mein Ehrgeiz war so gross, dass man mich nach fünf Jahren zum jüngsten Zeichnungsberechtigten des ganzen Instituts machte, aber als jene Liebe wohl durch meine katastrophale Schüchternheit Frauen gegenüber zugrunde ging (ganz vergessen konnte ich das Mädchen allerdings nie), erlosch auch mein Interesse für die Bank. Ich lebte einige Monate in Italien, machte eine längere Reise nach Spanien, arbeitete als Magaziner in einer Zürcher Migros-Filiale und war alles in allem ratlos wie kaum je zuvor. Schliesslich ging ich zu ‹meiner› Bank zurück, diesmal in die Salzburger Niederlassung, doch es liess sich nicht mehr an die glückliche Zeit in Bregenz anknüpfen, vor dem Verlauf eines Jahres war es mit der Bankkarriere endgültig vorbei. Nach einem neuerlichen Aufenthalt in Italien fand ich mich wieder in Wien.

Inzwischen waren, 1954 und 1955, im St. Galler Eirene-Verlag zwei weitere Bändchen (‹Gedichte› und ‹Lieder aus grauen Gärten›) erschienen, und auch sonst änderte sich viel. Hermann Hesse sandte mir nach Wien ein sehr freundliches Empfehlungsschreiben, und dieses öffnete mir beim Ministerium für Unterricht und Kunst weit die Tür. Man unterstützte mich nicht nur finanziell, sondern auch moralisch – ich lernte gütige alte Schriftsteller wie die ehemaligen Rilkefreunde Max Mell und Felix Braun kennen, bekam einen Preis des Wiener Kunstfonds und war plötzlich nicht mehr allein. Auch Ernst Fuchs begegnete ich damals, er war noch kaum berühmt und hatte im Alteisenlager seines Vaters neben dem Theater an der Wien eine anspruchslose Galerie eingerichtet, deren Betreuung er mir übertrug. So kamen neue Bekannte hinzu: Fritz Hundertwasser, Anton Lehmden, Friedrich Gulda, Dr. Heer von der ‹Furche›– und nicht zu vergessen der Kantor der jüdischen Kultusgemeinde, bei dem ich den ersten Hebräisch-Unterricht erhielt. Die Pianisten Hanns Kann und Friedrich Gulda, die Professorin meiner Schwester, Stella Wang, Hundertwasser (oder Stowasser, wie er sich damals noch nannte) sowie Ernst Fuchs waren alle Juden oder Halbjuden, und ich fühlte mich in ihrer Gesellschaft wohl. Ich befasste mich damals mit dem Talmud, er wusste auf viele meiner drängenden Fragen eine Antwort, und so war nach einigen Jahren meine Übersiedlung nach Israel ein fast selbstverständlicher Akt. Ich lernte sechs Monate in einem Ulpan Hebräisch, hielt den kommunenartigen Betrieb im Kibbuz aber nicht aus und fand durch Vermittlung eines in Beer-Sheva wohnenden Schwiegersohnes des mir damals noch unbekannten St. Galler Malers Ben Ami Arbeit in einer Versuchsfarm am Südende des Toten Meers. Es ging vor allem darum, zu erforschen, welche Kulturen sich mit dem salzhaltigen Wasser der dortigen Quellen heranziehen liessen, wir hausten zuerst in zwei ausgedienten Wohnwagen, und ich war trotz der sommerlichen Hitze von 60 Grad im Schatten glücklich. Wenn in regelmässigen Abständen der dort bekannte ‹Wüstenkoller› auftrat, ging ich für einige Tage in die damals noch bescheidene kleine Wüstenstadt Beer-Sheva oder nach Jerusalem. In Beer-Sheva hatte ich mich mit Betty Knut, einer Enkelin des früheren russischen Aussenministers Molotow, angefreundet, sie betrieb dort ein Nachtlokal ohne jede erotische Attraktion, ich liebte diese tief unglückliche Frau, die ebenso wie ihr Mann dem Rauschgift verfallen war. Sie vertraute mir ihre Angst an, bald an einem Herzleiden zu sterben, aber ich glaubte ihr nicht. Als ich jedoch (für die Dauer des Sechstagekrieges, in dessen sicherer Erwartung ich einen Tag vor dem Ausbruch gerade noch hatte hinfliegen können) nach ihr fragte, war sie schon tot.

147

Jerusalem wiederum gab mir ein Gefühl, das sich kaum beschreiben und schon gar nicht jemandem erklären lässt, der keine ähnlichen Erfahrungen gemacht hat. Ich empfand dort wirklich eine Art von Gegenwart Gottes und war erschüttert, als ich in einem Roman des emigrierten polnischen Schriftstellers Marek Hlasko (er fand sich in Israel nicht zurecht, hatte ständig Schlägereien, trank und war bei der damaligen Pioniergeneration alles andere als beliebt) von gleichen Erlebnissen las. Auch gab es in Jerusalem, auf dem Berg Zion in der Dominikanerabtei Dormition, zwei wunderbare Bilder von Ernst Fuchs. Er hatte dort an ihnen, ganz im Gegensatz zu seinem sonstigen Erwerbssinn, ein halbes Jahr lang unentgeltlich gearbeitet, sie gehören für mich zu seinen schönsten Werken, ich habe sie jedesmal im Refektorium besucht.

Später erkrankte ich an Malaria (die Ausrottung der sie übertragenden Stechmücken war den Israelis groteskerweise nur bis zur jordanischen Grenze möglich, die sich unseren Feldern entlang hinzog), und als auch noch die Nachricht vom grauenhaften Unfalltod meines besten Freundes, des Wiener Dichters Leopold Pötzlberger, hinzukam, ging ich in einer Art Panik über Wien in die Schweiz zurück, wo ich fünf Jahre in einem Reiseunternehmen arbeitete und zurückgezogen lebte, bis der Schock einigermassen überwunden war. Erschienen sind noch: 1957 die Erzählung ‹Tobias Klein› im Eirene-Verlag St. Gallen, die Gedichtbände ‹durchschossen von blauem sternlicht› (1963 im St. Galler Tschudy-Verlag) sowie 1971 ‹nachruf für gestrandete fische› im Verlag der Propstei St. Gerold in Vorarlberg. Ferner Gedichte zu Mappen mit Linolschnitten (1967 und 1969) sowie Radierungen (1975) des St. Galler Malers Kurt Wolf, den ich auch als Menschen schätzenlernte. Überhaupt standen mir, Paul Celan ausgenommen, die Maler meiner Generation stets näher als deren Dichter.

1973 erhielt ich in St. Gallen völlig unerwartet die Nachricht von der Verleihung des Hebel-Preises. Nach den vergangenen wenig glücklichen Jahren tat mir die Anerkennung wohl. Auch hatten sich inzwischen manche schöne Beziehungen (etwa zu den Malern Ben Ami und Willy Koch, dem Bildhauer Max Oertli und dem Kreis um die Kellerbühne) ergeben. Dies alles half mir, mich in St. Gallen doch noch, soweit dies einem Menschen wie mir überhaupt möglich ist, zu Hause zu fühlen, wenn auch das Heimweh nach Jerusalem, nach Beer-Sheva und nach der Wüste nie ganz verstummt ist.

Joseph Kopf

2. *Liste der Abkürzungen*

AWM	Adrian Wolfgang Martin
B	Bindestrich
dat.	datiert
dbs	durchschossen von blauem sternlicht 1963
dgh	ein dunkles grünes hungertuch die welt 1989
DP	Doppelpunkt
G	Gedankenstrich
g 54	gedichte 1954
GG I/II	Gesammelte Gedichte in zwei Bänden I/II 1992
GI	Gedichte und Illustrationen (Engeler/Kopf/Wolf)
GK	Groß-Kleinschreibung
h.dat.	handschriftlich datiert
h.sign.	handschriftlich signiert
h.W.	handschriftliche Widmung
I.	Interpunktion
K	Komma
KS	Kleinschreibung
kso	dem kalten sternwind offen 1977
LgG	Lieder aus grauen Gärten 1955
LuT	Von der Liebe und vom Tod 1952
M 67	Mappe 1967
M 75	Mappe 1975
M 79	Mappe 1979
m.dat.	maschinenschriftlich datiert
m.sign.	maschinenschriftlich signiert
m.W.	maschinenschriftliche Widmung

mlh	das müde lächeln im holunderbaum 1989
ngf	nachruf für gestrandete fische 1971
NKB	Nachlaß Konvolut Carmen Büsel (ehemals Bernhart)
NKG	Nachlaß Konvolut Gitti
NKJ	Nachlaß Konvolut Martita Jöhr
NKM I/II	Nachlaß Konvolut Adrian Wolfgang Martin, Ordner I/II, Kantonsbibliothek Vadiana, St. Gallen
NKR I/II	Nachlaß Konvolut Pater Reinhard I/II
NKT	Nachlaß Konvolut Trude Kopf
NKW	Nachlaß Konvolut Kurt Otto Wolf
o.I.	ohne Interpunktion
o.S.	ohne Seite
o.T.	ohne Titel
o.W.	ohne Widmung
P	Punkt
R	Rechtschreibung
S.	Seite
sign.	signiert
SP	Sprechplatte 1969
Str.	Strophe
T	Titel
W	Widmung
WA	Wiederabdruck
Z	Zeile (Zeilenzählung durchgehend, aber ohne Titel)
zentr.	zentrierte Gedichtanordnung
/	einfacher Zeilenbruch
//	Titel-, Strophen-, Absatz-Abstand
[ ]	Hinzufügung des Herausgebers

3. Kritische Anmerkungen

(Über die Prinzipien dieser Edition informiert das editorische Nachwort in Band I dieser Gesammelten Gedichte S. 135 ff.)

JOSEPH KOPF 5 GEDICHTE KURT WOLF 5 SCHNITTE
[Mappe]   1967

So in Großbuchstaben und JOSEF von Wolf mit F geschrieben, ist das Titelblatt dieser Mappe in Linolschnitt ausgeführt, das noch die Angabe macht DRUCK: WAESCHEMANGEPRESS 1967, den Erscheinungsort St. Gallen aber nicht nennt. Die Mappe vereinigt 5 handgeschriebene Gedichte auf breitformatigem Büttenpapier 45 cm x 56 cm mit 5 mehrfarbigen Handlinoldrucken von K.O. Wolf im gleichen Format bei einer Auflage von 25 Exemplaren. Die Mappe selber besteht aus einfachem Karton. Die Gedichtblätter sind nicht paginiert. An Stelle der üblichen I. setzt der Dichter durchgehend den erhöhten Punkt als Rhythmuszeichen ein.

7   Enthalten, mit der Änderung in Z 10 «jäh» statt «ganz», auf Sprechplatte 1969, vgl. GG II,33. WA ohne erhöhte P, o.I., nur im T ein P (nicht DP) in kso S. 71, auch in mlh S. 29 und in dgh o.S.; Abdruck dieser Fassung schon in «Gallusstadt» 1974 S. 133 noch mit erhöhtem P (nicht DP) im T, sonst aber bereits ohne erhöhte P und o.I., am Ende gezeichnet «Joseph Hermann Kopf»; WA der Version von kso in «Vorarlberger Lesebogen XVI» 1985 S. 13, in Z 11 Druckfehler «hoffen» statt «offen».
     NKJ: Typoskript der veränderten Fassung mit m.W., m. dat. und

sign. «für charles baudelaire. 1960. joseph kopf».

NKW: Typoskript der Fassung von kso, in Z 11 «dem kalten sternwind offen» rot unterstrichen, daneben handschriftliche Bemerkung «(evtl. Titel oder Untertitel)».

8 WA in mlh S. 30 ohne erhöhte P, o.I.

NKT: Typoskript ohne T und o.I., auch ohne erhöhte P in Bund Hildegard Böhler; auch in NKW.

9 Enthalten auf der Sprechplatte 1969, vgl. GG II,27. WA ohne erhöhte P in ngf, vgl. GG II,49. WA in kso S. 63, in Z 6 und 9 kein DP, Z 9 neu zweizeilig, Zeilenbruch nach «herauf», Z 10 lautet «die sonne»; davon WA in «Vorarlberger Lesebogen XVI» 1985 S. 11.

NKT: Typoskript der Version in kso in Bund «gedichte 1970-75 st. gallen. beer sheva. pharan»; auch in NKW.

10 Enthalten auf der Sprechplatte 1969, vgl. GG II,31. WA in kso S. 60 ohne erhöhte P, o.I., in Z 4 ohne B; WA in mlh mit B. NKJ: handschriftliche Abschrift o.I., ohne erhöhte P, in anderer Zeilenanordnung, nämlich die ersten drei Z je zweizeilig, Zeilenbruch je nach dem ersten Wort («eines», «das», «der»), die neuen Zweizeiler als Absätze voneinander getrennt, mit h.W., h. dat. und sign. «frau martita jöhr zu weihnachten 1963 h.k.»

NKW: Typoskript der Version in kso.

11 Enthalten auf der Sprechplatte 1969, vgl. GG II,30. WA in kso S. 62 ohne erhöhte P, o.I., in Z 3 ohne DP, in Z 7 «weit her» als zwei Wörter; WA in mlh S. 32 mit «weither».

NKW: Typoskript der Version in kso, in Z 7 «weither».

JOSEPH KOPF LIEST GEDICHTE ZU EINER MAPPE VON WOLF
[Sprechplatte]   1969

So lautet der T auf dem von Kurt Otto Wolf gestalteten Cover der 33 1/3 Touren-Kleinplatte mit dem Plattenaufdruck: Gallus Tonstudio, Eduard N. Widmer, Goethestr. 32, St. Gallen. Die Auflagenhöhe der Pressung ist mir unbekannt.

Die Mappe von K.O. Wolf hat aus mehrfarbigen Linoldrucken im Format 76 cm x 54 cm bestanden. Anzahl und Auflage sind ihm nicht erinnerlich. Nach Mitteilung von Trude Kopf wurde dieses Mappenwerk mit Sprechplatte an Freunde und Bekannte zu einem Preis von 700.- sFr. angeboten.

Von den 19 darauf gelesenen Gedichten hat J. Kopf 4 Gedichte in keiner anderen eigenen Ausgabe nochmals veröffentlicht. Die Reihenfolge hier ist diejenige der Sprechplatte. Schreibweise und Anordnung richten sich nach Nachlaß-Vorlagen, wo diese fehlt nach der nächsten Veröffentlichung. 14 Gedichte sind in die Anthologie kso aufgenommen worden, von der ich Schreibweise und Anordnung nur übernommen habe, wo zwischenzeitlich keine Veröffentlichung vorlag. Allfällige Abweichungen zu kso werden angemerkt. Der kleine Nachteil, daß bei dieser historischen Vorgehensweise bei ganz wenigen Gedichten (etwa eine Handvoll) dafür die Endfassung nicht selber abgedruckt, nur in den Anmerkungen angegeben ist, mußte leider in Kauf genommen werden.

15   WA in kso S. 66, in mlh S. 33.
      NKW: Typoskript.

16   WA in «Toggenburger Annalen 1978» S. 119.
      NKT: Typoskript; auch in NKW.

17 WA in kso S. 69, in mlh S. 34.
NKW: Typoskript. Dem Kopf-Archiv der Kantonsbibliothek Vadiana in St. Gallen hat die ehemalige Leiterin der Hochschulbibliothek St. Gallen, Frau A. Wittwer, eine m. Abschrift, h. sign. und dat. «kopf. 1969» überlassen.

18 WA in ngf mit der Änderung in Z 2 «wasserbeutel» (statt, wie auf der Sprechplatte gelesen, «wasserschläuche») und in Z 11 «andern», vgl. GG II,51; ursprüngliche Fassung WA in kso S. 64, in Z 6 ohne DP; auch in «Vorarlberger Lesebogen XVI» 1985 S. 12.
NKW: Typoskript der Version in kso.

19 WA in kso S. 70, in mlh S. 35, in «Toggenburger Annalen 1978» S. 118/119.
NKW: Typoskript.

20 WA in mlh S. 36.
NKT: Typoskript mit h.W. «für betty knut. gestorben in beersheva 1967» in Bund Hildegard Böhler.
NKW: Typoskript o.W.

21 WA in kso S. 44.
NKW: Typoskript.

22 WA in ngf, vgl. GG II,39. WA in kso S. 72, in mlh S. 37, in dgh o.S.
NKW: Typoskript.

23 WA in kso S. 68, in mlh S. 38.
NKW: Typoskript.

24 WA in kso S. 67, in «Vorarlberger Lesebogen XVI» 1985 S. 13, wobei in Z 1 «denn» irrtümlich ausgelassen worden ist. WA in «Alimannisch dunkt üs guet» Heft III-IV 1973 S. 3 unter dem T «versäumnis» und irrtümlich dat. 1971.

NKT: Typoskript mit T «versäumnis» in Bund mit Titelseite «gedichte 1955-1965 wien. beer sheva. neot hakikar». Noch im Nachlaß-Bund Gedichtvorschläge für einen Bildband von David Hamilton vom September 1975 ein Typoskript mit T «versäumnis».

NKW: Typoskript ohne T der Version auf der Sprechplatte.

25 WA in ngf, vgl. GG II,37; wobei dort der erhöhte P in Z 5 als gewöhnlicher P gesetzt worden ist; von dieser Anordnung mit erhöhtem P gibt es einen Abdruck in «Alimannisch dunkt üs guet» Heft III-IV 1973 S. 3 mit der Datierung 1968. WA mit nochmals anderer Zeilenanordnung in kso S. 45, nämlich als fünf Dreizeiler ohne erhöhte P (dort Zeilenbruch), nach Z 6 «traumlos» ein neuer Absatz, nach «mir» nochmals Zeilenbruch. So auch in mlh S. 39, in «Vorarlberger Lesebogen XVI» 1985 S. 14. Beim Abdruck in «Gallusstadt» 1974 schon anderer Zeilenbruch, statt nach «mir» nach «flöte», was «am mund» als Z 9 ergibt.

NKT: Typoskript der Anordnung in kso in Bund Gedichtvorschläge für einen Bildband von David Hamilton von September 1975; auch in NKW.

26 WA in mlh S. 40, in dgh o.S.

NKT: Typoskript in Bund Hildegard Böhler; auch in NKW.

27 vgl. 9 und 49.

28   WA in mlh S. 41.

       NKT: Typoskript in Bund Hildegard Böhler; auch in NKW.

29   Joseph Kopf liest auf der Sprechplatte Absatz drei zuerst links, dann rechts von oben nach unten.

       WA in ngf, vgl. GG II,53. Beim WA in kso S. 75 im T «kabbala» ohne h, auch in mlh S. 42.

       NKW: Typoskript, T rot unterstrichen, bei «kabbalah» das h durchgestrichen, daneben handschr. Bemerkung «(evtl. Titel oder Untertitel)».

30   vgl. 11.

31   vgl. 10.

32   WA in veränderter Fassung in kso S. 65, in Z 3 statt «für dich» neu «dir», in Z 5 ohne «deine»; diese Fassung WA in mlh S. 43.

       NKW: Typoskript zur späteren Version.

33   vgl. 7.

nachruf für gestrandete fische   1971

Bei dieser Publikation handelt es sich um ein 30 cm hohes, insgesamt 150 cm langes, beidseitig bedrucktes, elfmal gefaltetes Faltblatt, das dem Leser im handlichen Hochformat von 30 cm (hoch) mal 12,5 cm (breit) nach Handorgelart beidseitig auf je 12 Seiten 19 Gedichte von Joseph Kopf, ein schwarz-weiß-Foto des Dichters, eine Farb- sowie eine schwarz-weiß-Radierung von K. O. Wolf und ein Nachwort von F. Bertel darbietet. Auf der Stirnseite steht der T «nachruf / für gestrandete / fische», auf der ersten Innenseite oben «joseph kopf» und unten das folgende Impressum:

lesung joseph kopf
musik marlis bischof
ausstellung kurt wolf

propstei st. gerold 26. juni 71

reproduktion   grafik von kurt wolf
porträtaufnahme   josef hanser
nachwort   franz bertel
druck   rheintalische volkszeitung altstätten

copyright   © propstei st. gerold vlbg. 1971

Es folgen die beiden Radierungen, nach zwei Gedichtseiten das Foto des Lyrikers. Die Reihenfolge der Gedichte habe ich übernommen. (Die Titelvorschläge des Dichters am Rande von Typoskripten beziehen sich mit aller Wahrscheinlichkeit auf die Anthologie kso.)

37   vgl. 25.

38   WA in kso S. 86.
      NKW: Typoskript, neben Z 5-7 handschr. Bemerkung «(evtl. Titel oder Untertitel)».

39   vgl. 22.

40 WA in kso S. 59 o.I. (Fragezeichen), ebenso in mlh S. 44.
NKW: Typoskript der Version in kso.

41 WA in kso S. 76 o.I., Z 7 zweizeilig, Zeilenbruch nach «brül-
len», und mit der W «für shaul und gabi nahum. beer-sheva».
WA ohne W in mlh S. 45, darin irrtümlich die spätere Anord-
nung statt diejenige von ngf unter 1971 abgedruckt.
NKW: Typoskript.

42 WA in kso S. 82.
NKW: Typoskript.

43 WA in kso S. 77, in mlh S. 46, in «Akzente. Zeitschr. f. Lit.»
Heft 2, April 1987 S. 152.
NKW: Typoskript.

44 vgl. GG I,28 und I,94.

45 WA in kso S. 84.
NKW: Typoskript.

46 vgl. GG I,121.

47 WA in kso S. 80.
NKW: Typoskript, im T ohne P, nach Z 6 rotes Korrekturzei-
chen mit handschr. Bemerkung «(Doppelabstand)», Z 8 und 9
rot unterstrichen, daneben handschr. Bemerkung «(evtl. Titel
oder Untertitel)».

48 WA in kso S. 85, in mlh S. 47.

NKW: Typoskript, in Z 4 «schlangenschnee» rot unterstrichen, daneben handschr. Bemerkung «(evtl. Titel oder Untertitel)».

49   vgl. 9 und 27.

50   WA in kso S. 78, o.I., die Z 7 als eigenen dreizeiligen Absatz «kerzen / russischer winter / tauchbad», die Z 8 zweizeilig «ikonenzerstörung / deine blaue hand».
NKW: Typoskript von ngf, aber in Z 8 ohne DP, dafür mit Zeilenbruch, Rest als Z 9.

51   vgl. 18.

52   NKT: Typoskript, Z 8 ohne Absatz an Z 7 angeschlossen, in Bund Hildegard Böhler.
NKW: Typoskript der Version von ngf.

53   vgl. 29.

54   WA in kso S. 79.
NKW: Typoskript.

55   vgl. GG I,111.

IM ZEICHEN DES BLAUEN HUNDES
[Mappe mit 10 Gedichten]   1975

Diese Mappe ist als eine Art Bilderkasten zum Aufhängen realisiert worden. Direkt auf die 10 Radierungen von Kurt Otto Wolf hat Joseph Kopf mit Tinte 10 Gedichte geschrieben. Die 10 Blätter sind, in einen dunklen, dicken Bilderrahmen hinter Glas gepreßt, tatsächlich abwechslungsweise zum Aufhängen an der Wand gedacht. Die Blätter sind nicht numeriert, eine Reihenfolge ist von den beiden Künstlern also nicht festgelegt worden. Die Blattgröße beträgt 45 cm (hoch) mal 28 cm (breit). Die Radierungen sind 9 hoch- und eine breitformatig. Es handelt sich um Mehrfarbendrucke im Tiefdruckverfahren, z.T. mit der kalten Nadel sehr zart bearbeitet, z.T. tief geäzt. Die Gedichte sind nachträglich handschriftlich z.T. über die rechteckigen Radierungen, z.T. auf den Blattrand geschrieben worden. Jedes Blatt besitzt auf dem weißen Rand 3 unterschiedlich angeordnete Prägestempel, einen Quadratstempel mit dem Aufdruck «KOPF / WOLF / 1975» sowie zwei Rundstempel mit der Aufschrift a) IM ZEICHEN DES BLAUEN HUNDES 1975, b) MUEHLENTOBEL DRUCK. Der Erscheinungsort St. Gallen wird nicht genannt. Gemäß «St. Galler Tagblatt» vom 26. Juli 1975 hat die Auflage 20 Exemplare und der Verkaufspreis 380.- sFr. betragen. Auch wird der 26. Juli 1975 als Eröffnungstag der Mappe in der Kellerbühne St. Gallen angegeben. Da die Anordnung der Gedichte auf den Radierungen bildnerischen Notwendigkeiten gehorchen mußte, die in dieser Ausgabe ja nicht bestehen, folgt die Anordnung Nachlaß- oder späteren Druckvorlagen. Abweichende Zeilenanordnung auf den Radierungen wird angemerkt.

59   WA in kso S. 98 mit dem T «zu einer radierung von kurt wolf», in mlh ohne T.
NKW: Typoskript, m. sign. und dat. «kopf.75».

60   Die Anordnung auf der Radierung ist nicht linksbündig, der Zweizeiler ist gegenüber dem T rechtsversetzt.

WA in kso S. 105 mit W «für herrn und frau ben ami. st. gallen», in mlh ohne W.

NKW: Typoskript der Anordnung in kso ohne W., DP im T handschr. durchgestrichen, Z 1 und 2 rot unterstrichen, daneben handschr. Bemerkung «(evtl. Titel)», m. sign. und dat. «kopf.75».

61   WA in kso S. 115, in mlh S. 50.
NKW: Typoskript, m. sign. und dat. «kopf.75».

62   Auf der Radierung ist die letzte Halbzeile «herzmitte des tods» außerhalb auf den Rand geschrieben.
WA in kso S. 111, in mlh S. 51, in dgh o.S., in «Akzente. Zeitschr. f. Lit.» Heft 2, April 1987 S. 152.
NKW: Typoskript, m. sign. und dat. «kopf.75».

63   Auf der Radierung ist der letzte Zweizeiler rechts unten versetzt dreizeilig angeordnet «die bäume / stehen wie elchzeichen / auf».
WA in kso S. 110 mit W «für betty knut. beer-sheva», in mlh S. 52 ohne W, in dgh o.S., in «Akzente. Zeitschr. f. Lit.» Heft 2, April 1987 S. 153 ohne W.
NKW: Typoskript, zwischen Z 9 und 10 kein Abstand und ohne W, Z 2 rot unterstrichen, daneben handschr. Bemerkung «(evtl. Titel)», m. sign. und dat. «kopf.75».

64   Auf der Radierung ist die letzte Z rechts unten versetzt zweizeilig inner- und außerhalb der Radierung geschrieben.
WA in kso S. 119, in mlh S. 53, in «Akzente. Zeitschr. f. Lit.» Heft 2,

April 1987 S. 153.

65 Auf der Radierung ist das Gedicht in zwei zweizeiligen Absätzen angeordnet, die letzte Z unten rechtsversetzt.

66 Auf der Radierung sind die beiden Absätze gegenüber dem T rechtsversetzt angeordnet.
WA in kso S. 81, im T irrtümlich kein P.
NKT: Typoskript in Bund Hildegard Böhler; auch in NKW, m. sign. und dat. «kopf.75».

67 Auf der Radierung ist der erste Absatz außerhalb, der zweite Absatz rechtsversetzt innerhalb der Radierung geschrieben.
NKT: Typoskript in Bund Hildegard Böhler; auch in NKW, m. sign. und dat. «kopf.75».

68 Einzige breitformatige Radierung, darauf der zweite Absatz rechtsversetzt angeordnet ist.
WA in kso S. 104.
NKW: Typoskript, Z 2 rot unterstrichen, daneben handschr. Bemerkung «(evtl. Titel oder Untertitel)», m. sign. und dat. «kopf.75».

dem kalten sternwind offen 1977

Hier handelt es sich um den umfangreichsten und schönsten Gedichtband, der zu Lebzeiten des St. Galler Lyrikers erschienen ist. Der Untertitel «gedichte 1954-1977» kennzeichnet ihn als Anthologie, herausgegeben von Martita Jöhr und Fred Kurer im Zollikofer

Fachverlag St. Gallen 1977. Der graue, broschurgeleimte Band im Format 23 cm (hoch) mal 15 cm (breit) ist auf dem Cover mit einem mehrfarbigen Kupferstich, im Innern mit 8 schwarz-weißen-Kupferstichen von Kurt Otto Wolf versehen. Er trägt die W «paul celan in tiefer verehrung». Er enthält auf 126 Seiten 109 Gedichte, die nicht einer strengen historischen Reihung folgen, dazu auf S. 121-125 einen von Joseph Kopf eigens dafür verfaßten «Versuch einer Autobiografie» (vgl. GG II,143 ff.) sowie auf Seite 126 eine ebenfalls von J. Kopf geschriebene Würdigung seines Künstlerfreundes «Über Kurt Otto Wolf». Der Titel des Bandes ist dem Gedicht «baudelaire. fleurs du mal» aus der Mappe von 1967 entnommen.

Da es sich um eine Populärausgabe der Gedichte handelt, fehlt jeder Hinweis auf frühere Veröffentlichungen derselben, gibt es auch kein Werk- und kein Inhaltsverzeichnis. Das Buch verfolgte den Zweck, Joseph Kopf als Lyriker im Bodenseeraum bekannt zu machen, was ihm auch hervorragend gelungen ist. Die erste Auflage von 1000 Exemplaren war bei einem Preis von 19.80 sFr. in weniger als einem Jahr vergriffen. 1978 sind 600 Exemplare nachgedruckt worden, die alle auch noch verkauft worden sind. Der Band hat die größten Verdienste, daß Joseph Kopf eine späte Anerkennung zuteil geworden ist, die den Lyriker sehr berührt und die er mit einer letzten kurzen, aber äußerst erfolgreichen Schaffensphase beantwortet hat, die sich als letzte Mappe 1979 niederschlug.

Von den 109 Gedichten sind nur 30 in dieser Ausgabe erstmals erschienen. Ich habe die Aufnahme in kso bei jedem der 79 Gedichte bisher erwähnt. Obwohl es sich also um die umfänglichste und erfolgreichste Publikation von Joseph Kopf handelt, die wie die früheren nur dank der Initiative und Hilfe durch Freunde zustande gekommen ist, war es nicht mehr zu vertreten, diesen Band in vollem Umfange in die Gesammelten Gedichte zu integrieren. Es konnte vom

Anthologie-Verfahren auch kein Editionsprinzip abgeleitet werden, welches das veröffentlichte Werk dieses Lyrikers historisch begründet vorgestellt hätte. Die Reihenfolge in kso ist bei den verbliebenen 30 Gedichten beibehalten worden.

71   In kso S. 58.
      NKP: Typoskript mit T «beer-sheva» und I, Anordnung in 3 Absätzen, nach «tags» dritter Absatz, Z 6 und 7 dreizeilig «und / die nackten / füsse des bettlers», am Ende also Singular statt Plural, m. sing. und dat. «kopf.63».
      NKW: Typoskript der Version in kso.

72   In kso S. 73. WA in mlh S. 54.
      NKW: Typoskript.

73   In kso S. 74. WA in mlh S. 55.
      NKW: Typoskript.

74   In kso S. 83.
      NKW: Typoskript o.W.

75   In kso S. 87.
      NKW: Typoskript o.W.

76   In kso S. 88. WA in mlh S. 56, in «Vorarlberger Lesebogen XVI» 1985 S. 12.
      NKW: Typoskript.

77   In kso S. 89.
      NKW: Typoskript.

78　In kso S. 90.
　　NKW: Typoskript.

79　In kso S. 91. WA in mlh S. 57.
　　NKW: Typoskript, Z 7 rot unterstrichen, daneben handschr.
　　Bemerkung «(evtl. Titel oder Untertitel)».

80　In kso S. 92. WA in mlh S. 58.
　　NKW: Typoskript, Z 11 rot unterstrichen, daneben handschr.
　　Bemerkung «(evtl. Titel)».

81　In kso S. 93.
　　NKW: Typoskript, m. sign. und dat. «kopf.75».

82　In kso S. 94. WA in mlh S. 59.
　　NKW: Typoskript.

83　In kso S. 95.
　　NKT: Typoskript in Bund Hildegard Böhler; auch in NKW.

84　In kso S. 96. WA in Erica Engeler/Joseph Kopf/Kurt Otto
　　Wolf «Gedichte und Illustrationen» (GI), gedruckt in Frauen-
　　feld im April 1978 o.S.

85　In kso S. 97.
　　NKJ: Typoskript, bei der R in Z 6 «kiellgaard», statt Z 10 und
　　11 als Z 10-13 in zwei Absätzen «als ich / eisschächte zum wort
　　grub // welchen traumtieren / begegnete ich», Schlußzeile wie
　　in kso, mit m. W. «frau martita jöhr in dankbarkeit», h. dat.
　　und sign. «juni 1973 joseph kopf».

NKW: Typoskript der Version in kso, ohne W.

86   In kso S. 99. WA in GI o.S.

87   In kso S. 100. WA in GI o.S. mit anderer Zeilenanordnung, nämlich 3, 2, 1 Z in drei Absätzen.

88   In kso S. 101.
NKT: (bei einem Bund «Wolf») Typoskript einer früheren Fassung, in Z 2 «hunger» statt «durst», als Z 4 ohne Absatz «wahnsinn» statt «und», in Z 5 «dursts» statt «tods», mit m. W. «für wolf.», m. sign. und dat. «kopf.72».

89   In kso S. 102.
NKW: Typoskript, Z 6 und 7 einzeilig, Z 4 rot unterstrichen, daneben handschr. Bemerkung «(evtl. Titel)».

90   In kso S. 103.
NKW: Typoskript.

91   Vorabdruck in «Gallusstadt» 1974 S. 135. In kso S. 106. WA in mlh S. 60, in «Toggenburger Annalen 1978» S. 120.
NKW: Typoskript.

92   In kso S. 107. WA in mlh S. 61, in GI o.S. und in «Toggenburger Annalen 1978» S. 119.

93   In kso S. 108. WA in «Vorarlberger Lesebogen XVI» 1985 S. 12.
NKW: Typoskript.

94 In kso S. 109. WA in mlh S. 62.
NKW: Typoskript.

95 In kso S. 112.
NKW: Typoskript.

96 Vorabdruck in «Gallusstadt» 1974 S. 135, wobei Z 5 und 6 einzeilig als Z 5 gesetzt. In kso S. 113.
NKW: Typoskript der Version in kso.

97 In kso S. 114.
NKW: Typoskript, m. sign. und dat. «kopf.75».

98 In kso S. 116. WA in GI o.S. vierzeilig, Zeilenbrüche nach «du», «gericht», «und».

99 In kso S. 117.
NKW: Typoskript.

100 In kso S. 118.
NKW. Typoskript ohne W.
Von Frau A. Wittwer im Kopf-Archiv der Vadiana Typoskript ohne W., m. sign. und dat. «kopf.76» und mit rotem Stempel «joseph / kopf / 1976».

Gedichte 1978/79   1979

Diese noch zu Lebzeiten von Joseph Kopf für diese Mappe handschriftlich niedergeschriebene Gedichtsammlung ist erst kurz nach seinem Tod herausgekommen. Es handelt sich um eine Doppel-Mappe «Joseph Kopf. Gedichte 1978/79» und «Max Oertli. Studien zu Joseph Kopf», die in einen festen, graubeigen, nach vier Seiten aufklappbaren Karton im Format von 35 cm (hoch) mal 22 cm (breit) gepackt und auf der Stirnseite mit den eben genannten Aufschriften und mit einer schwarz-weiß-Abbildung einer Oertli-Plastik vom Dichter versehen ist.

Die beiden Innenteile werden je von einem braunen, die jeweilige Aufschrift tragenden, dünneren Karton umfaßt. Die Gedichtmappe besteht aus fünf lose eingelegten Faszikeln, die sich aus vier ungehefteten, in der Mitte gefalteten, beigen Bögen zusammensetzen. Auf S. 3-5 ist der Text «Zu den Gedichten von Joseph Kopf» von Dr. Fred Kurer abgedruckt. Von S. 7-79 folgen 37 nur rechtsseitig im Fotoverfahren gedruckte neue Gedichte. Die Interpunktion hat sich auf ganz seltene DP reduziert.

Die Mappe der Oertli-Studien umfaßt nur zwei Faszikel der gleichen Stärke mit weißem Glanzpapier. Auf S. 3 und 5 ist der Text «Max Oertli: Bildnerische Begleitung» von Simone Schaufelberger-Breguet abgedruckt. Auf den Seiten 4, 6, 8, 10, 14, 16, 18, 20, 22, 24, 26 befinden sich schwarz-weiß-Foto-Abbildungen des Dichters, auf Seite 28 ein Foto mit Tisch nach durchzechter Nacht, auf Seite 29 werden Dichter und Bildhauer mit Foto und Kurzlebenslauf vorgestellt. Die Seiten 7, 11, 15, 19, 23 bringen farbige Reproduktionen von Malereien über Joseph Kopf. Auf den Seiten 9, 12, 13, 17, 21, 30 sind Bleistiftstudien über ihn wiedergegeben. Schließlich enthält die Oertli-Mappe auf Seite 25 ein schwarz-weiß-Foto und auf Seite 27 ein Farbfoto von zwei Halb-Plastiken des Lyrikers. Auf Seite 26 ist zudem die letzte Strophe des Gedichts »wie eisig mir deine gräser auf der zunge schmecken» aus ngf (vgl. GG II,41) abgedruckt worden.

Auf der Schlußseite steht das Impressum: Diese Kunstmappe ist eine

Gemeinschaftsproduktion vom Buchverlag Zollikofer AG, St. Gallen, und von Neufeld Galerie und Verlag, Lustenau/Au (Österreich/ Schweiz). Sie ist im Dezember 1979 in einer Auflage von 1000 arabisch und 100 römisch numerierten Exemplaren herausgekommen. Zur Vorzugsausgabe mit arabisch 1-100 ist eine Originalradierung von Max Oertli über Joseph Kopf abgegeben worden. Die Gestaltung hat Max Oertli besorgt, die Auswahl der Gedichte Dr. Fred Kurer. «Die Bilder und Plastiken dieser Mappe sind in privatem und öffentlichem Besitz.»
Diese Doppel-Mappe ist nach dem Tod des St. Galler Lyrikers in kurzer Zeit verkauft worden.

103   In M 79 S. 7. WA in mlh S. 63.

104   In M 79 S. 9. WA in mlh S. 64.

105   In M 79 S. 11.

106   In M 79 S. 13.

107   In M 79 S. 15. WA in mlh S. 65.

108   In M 79 S. 17. WA in mlh S. 66.

109   In M 79 S. 19. WA in mlh S. 67.

110   In M 79 S. 21. WA in mlh S. 68. WA mit veränderter Zeilenanordnung in «Orte. Schweiz. Lit.zeitschr. 27» Dez./Jan. 1979/80 S. 5, nämlich Z 1 und 2 einzeilig, Z 3 als 2 direkt angefügt, Z 4 wie 5 als Einzeiler-Absätze abgehoben.

111   In M 79 S. 23. WA in mlh S. 69.

112   In M 79 S. 25. WA in mlh S. 70.

113   In M 79 S. 27. WA in mlh S. 71, in dgh o.S. WA in «Akzente. Zeitschr. f. Lit.» Heft 2, April 1987 S. 153.

114   In M 79 S. 29. WA in mlh S. 72.

115   In M 79 S. 31.

116   In M 79 S. 33. WA in »Orte 27» S. 5.

117   In M 79 S. 35. WA in mlh S. 73.

118   In M 79 S. 37. WA in mlh S. 74.

119   In M 79 S. 39. WA in mlh S. 75. WA in «Neue Texte aus Vorarlberg. Lyrik 2» 1979 S. 88.

120   In M 79 S. 41. WA in mlh S. 76, in dgh o.S. WA in «Akzente. Zeitschr. f. Lit.» Heft 2, April 1987 S. 154.

121   In M 79 S. 43. WA in mlh S. 77. WA in «Akzente. Zeitschr. f. Lit.» Heft 2, April 1987 S. 154.

122   In M 79 S. 45. WA in mlh S. 78.

123   In M 79 S. 47. WA in mlh S. 79.

124   In M 79 S. 49. WA in mlh S. 80. WA in «Neue Texte aus Vorarl-
berg. Lyrik 2» 1979 S. 87.

125   In M 79 S. 51. WA in mlh S. 81.
NKT: Manu- und Typoskript.

126   In M 79 S. 53. WA in mlh S. 82.

127   In M 79 S. 55. WA in mlh S. 83. WA in «Neue Texte aus Vorarl-
berg. Lyrik 2» 1979 S. 86.

128   In M 79 S. 57.

129   In M 79 S. 59.

130   In M 79 S. 61. WA in mlh S. 84.

131   In M 79 S. 63. WA in mlh S. 85. WA in «Akzente. Zeitschr. f.
Lit.» Heft 2, April 1987 S. 155.

132   In M 79 S. 65. WA in «Neue Texte aus Vorarlberg. Lyrik 2» S. 85.

133   In M 79 S. 67. Am Ende wohl aus Versehen ein P. WA in mlh
S. 86 ohne P.
NKT: Typoskript o.I., ab Z 6 andere Anordnung, nämlich: «dei-
ne / ertrunkene sprache // dein / helles wortwissen // licht //
während du langsam untergehst im moor»; «langsam»
handschr. eingefügt, m. sign. und dat. «kopf.78».

134   In M 79 S. 69. WA in mlh S. 87.

135   In M 79 S. 71.

136   In M 79 S. 73. WA in mlh S. 88. WA in «Akzente. Zeitschr. f. Lit.» Heft 2, April 1987 S. 155.

137   In M 79 S. 75. WA in mlh S. 89.

138   In M 79 S. 77.

139   In M 79 S. 79. WA in mlh S. 90.
NKT: Auf einem Korrekturandruck dieses Gedichts für eine Karte 1978 ist in Z 4 das dritte s von «schweissspur» von Joseph Kopf handschr. gestrichen worden. Er hat unter dem Gedicht maschinenschriftlich beigefügt: «Bitte nur mit zwei s - obwohl Ihr Setzer und Ihr Korrektor laut Duden natürlich rechthaben. Bitte also gemäss Manuskript. Danke.»
Am Ende h. sign. «joseph kopf».

4. Alphabetisches Verzeichnis der Gedichttitel und der Gedichtanfänge der Gesammelten Gedichte I und II

181

Inhaltsverzeichnis

185

dem kalten sternwind offen   1977

Anhang

Umschlag: Linoldruck von K.O. Wolf, St. Gallen, o. T., ca. 1967, 39 x 28,5 cm

Frontispiz: K. O. Wolf und Joseph Kopf, photographiert von Regina Kühne

Wir danken der Forschungskommission der Hochschule St. Gallen,
der Schweizer Kulturstiftung Pro Helvetia Zürich
und Frau Martita Jöhr für einen Zuschuß.

Die Deutsche Bibliothek – CIP-Einheitsaufnahme

Kopf, Joseph: Gesammelte Gedichte : in zwei Bänden / Joseph Kopf.
Mit einem kritischen Anh. hrsg. von Paul Good. – Aachen: Rimbaud.
NE: Good, Paul [Hrsg.]
Bd. 2 : 1967-1979. Das geöffnete Schneeblatt. – 1992
ISBN 3-89086-892-4

Alle Rechte vorbehalten
© 1992 Rimbaud Verlagsgesellschaft mbH
Postfach 86, D-5100 Aachen
Titel und Satz: Rimbaud Verlag, Walter Hörner
Schrift: Baskerville No. 2
Papier: Gardapat 13, säurefrei
Druck und Bindung: Fuldaer Verlagsanstalt
Printed in Germany
ISBN 3-89086-892-4